Kristiane Allert-Wybranietz · Liebe Grüße

Liebe Grüße

Verschenktexte
von
Kristiane Allert-Wybranietz

mit Illustrationen
von
Swami Prem Joshua
und
Swami Pritam

lucy körner verlag

© 1982 lucy körner verlag
Postfach 1106, 7012 Fellbach
Alle Rechte vorbehalten.
1. Auflage Oktober 1982
2. Auflage November 1982
3. Auflage Dezember 1982
4. Auflage Januar 1983
5. Auflage März 1983
6. Auflage März 1983
7. Auflage September 1983
8. Auflage November 1983
9. Auflage Februar 1984
10. Auflage Juli 1984
11. Auflage Oktober 1984
12. Auflage März 1985
13. Auflage August 1985

Illustrationen: Swami Prem Joshua und Swami Pritam.
Titel: Swami Prem Joshua.
Layout: Heinz Körner.
Satz: Maria Pröbsztl.
Herstellung: J. F. Steinkopf Druck+Buch GmbH, Stuttgart

ISBN 3-922028-05-5

VORWORT

Ich möchte kein großes Vorwort schreiben, nur eines erwähnen:
Es ist mein Wunsch, daß die Leser, die mit den Texten etwas anfangen und sie nachvollziehen können, es nicht dabei belassen, eventuell zustimmend zu nicken, sondern daß sie wirklich etwas tun – da, wo sie meinen, es sei notwendig –, und daß sie den Mut finden, den notwendigen Schritt zu gehen „von der Theorie in die Praxis".

Wir haben auch dieses Buch mit Liebe und Sorgfalt zusammengestellt und würden uns freuen, wenn es bei seinen Lesern Anklang findet. Und wir möchten an dieser Stelle allen danken, die mit Rat und Tat bei der Herstellung geholfen haben, ganz besonders natürlich Kristiane, Joshua und Pritam.

Fellbach, im September 1982   *Lucy und Heinz Körner*

NACH GEWISSEN ERFOLGEN

*Mein Image steigt mir davon.
Ich stehe da,
sehe es aufsteigen,
bleibe zurück.*

*Es wurde zu sehr poliert.
Ich glaube,
ich muß mal ein bißchen
daran kratzen.*

Als ich noch still sein mußte,
wenn Erwachsene sich unterhielten,
freute ich mich darauf,
endlich mitreden zu dürfen.

— Nur fehlen mir
heute leider
oft die Worte.

Und ich verstehe nicht,
warum ich damals
nichts sagen durfte,

denn l ü g e n —
das konnte ich als Kind
schon ganz gut.

ERSTER SCHRITT
ODER
ERKENNTNIS

Ich habe etwas
aus mir machen lassen,
habe den Leuten
sogar die Kelle gereicht,
den Mörtel mit angerührt,
die Steine geschleppt,
mit denen ich bis heute
zugemauert war.

WIDERSTAND
ODER
ERFAHRUNG BEIM ERWACHSEN WERDEN

Man fordert mich auf,
Stellung zu beziehen.
Man will die Parole wissen,
damit man mich einordnen kann,
ablegen
im Regal, wo schon so viele liegen.

Aber
es ist noch so viel in mir;
ich fühle mich nicht bereit,
abgelegt zu werden.
Ihr habt den Erledigt-Stempel
zu früh in die Farbe getaucht.

Noch bin ich es nicht!

*Jeder ist eine Kerze,
angesteckt bei der Geburt.*

*Nur zu viele
haben sich
ausblasen lassen
von den Winden
der Regeln und Normen,
der Vorschriften und Moral.*

Sie brennen nicht mehr.

*Jeder
ist eine Blüte.*

*Nur haben viele
Angst,
sich zu öffnen . . .
und welken dahin
— unabwendbar —
ohne je
zu voller Pracht
erblüht zu sein.*

FREI SEIN

„Siehst du
den Vogel dort?
Wer nennt ihm sein Ziel?
Es ist frei."
Während wir das sagten,
hörten wir einen Schuß
und sahen
ihn gerade
noch
fallen.

FREIHEIT

Viele meinen,
frei zu sein —

frei,
weil sie sich nie
über die Kreise
hinausbewegten,
an denen ihre Ketten
anspannen.

SCHATZSUCHER AUF LEBENSZEIT

Einmal möchte ich verweilen können:
Keinen Wunsch mehr,
nicht mehr suchen,
nicht mehr das Gefühl,
noch etwas finden zu müssen.

Vieles habe ich gefunden,
aber nie sind meine
Schatzkammern so gefüllt,
daß ich sie abschließen
und fortfliegen kann.

Dabei habe ich
den Flug
ins Wunschlose
schon so lange
gebucht.

Doch meine Schätze
zerrinnen mir zwischen den Fingern.
Und ich muß weitersuchen,
denn der Versuch,
Vorratskammern mit guten Gefühlen
anzulegen,
ist auch gescheitert.

SCHATZSUCHER AUF LEBENSZEIT

FREUNDE

*Wenn mich dunkle Wolken betrüben,
kann ich sie nicht immer verscheuchen.*

*Aber ich kann mich
irgendwo unterstellen,
damit ich nicht
total durchnäßt werde
vom Regen.*

WIRKLICHE FREUNDSCHAFT

*Wenn du fortziehen mußt,
Freunde verlassen,
dann mag es sein,
daß tausend Kilometer
einander trennen.*

*Aber in Herzen
gibt es
keine Kilometer.*

MEIN EINKAUFSNETZ
MUSS LÖCHER HABEN

Im Supermarkt kaufte ich
Zahnpasta, Zigaretten, Brot,
Seife, Weinbrand, Parfum,
Haushaltstücher, Marmelade,
Tiefkühlgerichte, Badezusätze,
Kekse und noch allerlei . . .

Zuhause suchte ich
zwischen Verpackungen
und Produkten
nach der Freiheit,
der Frische,
nach den Abenteuern
und der Liebe
und all den anderen
Stimmungen und Gefühlen,
die man mir
(nach Erwerb dieser Dinge)
versprochen hatte.

Als ich dann den Sekt für Verliebte
alleine trank,
abenteuerduftende Zigaretten vor'm
TV-Western rauchte,
als sich niemand sofort in mich verliebte,
obwohl ich das betörendste Parfum trug
(so stand es auf der Packung),
und als ich feststellte, daß die
Haushaltstücher und die Putzmittel
die Arbeit doch nicht von allein machten,
sagte ich mir:

MEIN EINKAUFSNETZ
MUSS LÖCHER HABEN.

SICH SELBST ANSCHAUEN

– das habe ich getan.
Mein bisheriges Leben
fiel auseinander
wie ein sorgsam
aufgeschichteter
Holzstapel;
Gefühle,
Stück für Stück,
in eine Form gepreßt
und aufgehoben,
nicht gelebt.

Jetzt liegt alles
kreuz und quer ...

Aber ich gefalle mir so!

LIEBE UND GEBORGENHEIT
VERTRAUEN UND ANERKENNUNG

ist das,
was wir alle suchen
und uns von unseren
Mitmenschen erhoffen.

Wie oft aber
verweigern
wir dies
dem Anderen.

GROSS-REINEMACHEN

*Manchmal
möchte ich mich
ausschütten
wie eine Tasche.*

*All das nutzlose Zeug,
das sich ansammelte
im Laufe der Zeit,
das mich schwer macht,
aussortieren —*

*und leicht
einem neuen Tag entgegengehen.*

ERWARTUNGEN

Was andere von dir erwarten,
solltest du nur dann erfüllen,
wenn du es willst.
Schließlich bist du kein Automat,

der mitleidet,
drückt man die Taste „Mitleid" —

der zuhört,
drückt man die Taste „Zuhören" —

der lustig ist,
drückt man die Taste „Lustig" —

der still ist,
drückt man die Taste „Ruhe"
und so weiter . . .

Begegnest du solchen
Tastendrückern,
laß ruhig mal
TILT — GESTÖRT
aufleuchten.

BANKRAUB
(FÜR A.)

Ein Lächeln —
nur ab und zu
und ganz verstohlen.
Damit hast du
meine Gefühlsbank
ganz schön
ausgeraubt.

HOFFNUNG
(FÜR F.)

Du bist zur Zeit
ein leeres Sehnsuchtsblatt
in meinem Herzen.
Und doch fühle ich,
daß wir es eines Tages
wieder gemeinsam
beschriften werden.

*AN EINEN,
DEN ICH LIEBGEWONNEN HABE*

*Anfangs warst du ein Stern,
einer von vielen,
an meinem Himmelszelt.*

*Inzwischen bist du
ein Mond geworden
mit einer
unheimlich starken
Anziehungskraft.*

HILFERUF?

*Wäre Liebe
auf behördlichem Wege
abzuwickeln,
es würden laufend
Anträge von mir
bei dir eingehen
auf Zuwendung.*

ANMERKUNG

*Spüren,
daß jedes Wort
überflüssig ist
und doch
plappern
wie ein Wasserfall ...*

das ist Unsicherheit.

LIEBE

*... voneinander
gefesselt sein
und doch
keine Ketten
anlegen.*

SICH SELBST EINE CHANCE LASSEN

Laß die Körnchen
nicht in der Samentüte;
säe sie aus!

Angst ist gewiß
ein harter Boden,
doch du kannst
ihn lockern
durch deine Arbeit,
deinen Mut
und deinen Willen.

VON DEINEN MÖGLICHKEITEN

Dir gehört
ein ganzer Kasten
mit zwölf verschiedenen Wasserfarben;

doch
wenn du das Wasser fürchtest, —
nützen dir die Farben wenig —

dein Leben bleibt trocken
und dein Blatt leer.

WAG DEN SPRUNG INS WASSER!

*Gefühle kann man nicht beschreiben,
nur geben . . .
und auch das nicht immer,
denn man kann sie auch zurückhalten —*
    *aus Scheu,
    aus Angst,
    aus Rücksichtnahme,
    aus Trotz
    und Unsicherheit.*

*Wenn ich könnte,
würde ich dir meine
per Post schicken,
als Einschreiben
    — streng vertraulich —
und mit Rückporto . . .*

man kann ja nie wissen.

LIEBESGEDICHT

*Als die Heckenrosen blühten,
saßen wir still am Feldrand.
Mein Kopf lag auf deinem Schoß,
ich hörte Vögel singen,
Bienen summen,
spürte die Sonne,
den leichten Wind
und dich
— und ich wollte nichts
wissen davon,
daß Heckenrosen verblühen.*

BETON

Viele Menschen
wollen eine ebene und glatte
Fläche sein,
doch immer wieder
sind sie reingetappt
in das frisch gegossene
Vorsatzfundament.

Die Fehlerfußspuren
und Schwächenabdrücke
aber wurden stets
wieder überbetoniert.

Ganz unten,
unter vielen Schichten
von Beton —
da liegt dann der Mensch
und kommt nicht mehr
zum Vorschein.

Betonier dich nicht weiter zu!
Arbeite an deinen Fehlern!
Steh zu deinen Schwächen!

PSYCHOSOMATISCH ERKRANKT
ODER
EIN EIGENTLICH BEGRÜSSENSWERTES UNGLÜCK

Die alten Schienen,
die ich lange Jahre befuhr,
waren mir vertraut,
doch meine Fahrtroute nie.
Sie stand im Fahrplan
meiner Erzieher.

Trotzdem wagte ich mich nicht
von diesen wohlbekannten Schienen,
bis ich
entgleiste.

Jetzt
lege ich
meine eigenen
Schwellen und Schienen —
mühsam von Station zu Station.

ENTTÄUSCHUNG

Ich freute mich,
als du mich ansprachst;
ich glaubte,
wir könnten uns gut unterhalten.

Doch nachdem du einige Sätze
präsentiert hattest,
diskussionsgeübt, thementrainiert,
entzog ich mich deinen Worten.

Wozu
über große Themen
so nichtssagend
viel reden?

AN EINEN FREUND
(DU WEISST SCHON WEN ICH MEINE)

Als eine schillernde Kugel,
die Versprechen in sich trägt,
begegnetest du mir —
und ich berührte dich.

Von der Vielfalt deiner Farben fasziniert,
bemerkte ich nicht
die Distanz,
die du wahrtest.

Gerade als ich dir
mein Vertrauen schenken wollte,
bist du zerplatzt.

Ade, liebe Seifenblase.

VON WEGEN SCHICKSAL

So sehr habe ich mich gefreut,
dich heute zu sehen,
dich in die Arme zu nehmen,
ganz lange und fest zu halten.

. . . als du da warst,
    ließ es leider
    die Situation nicht zu.

So dringend wollte ich dir sagen,
wie sehr du mir gefehlt hast,
wie oft ich an dich gedacht habe,
wollte dich ganz lange anschauen.

. . . als wir uns sahen,
    ließ es leider
    die Situation nicht zu.

Bedrückt bin ich jetzt wieder allein.
Du bist gegangen,
bis zum nächsten Mal.

. . . wird dann wieder
    die ,,Situation"
    meine Ausrede sein?

VERBOTENE FREUNDSCHAFT

Weißt du,
solche Beziehungen,
in denen man sich mag,
sich aber nicht mögen darf,
sind fatal.

Du richtest deine Gefühle hin,
weil du nach
„moralischen" Gesetzen lebst,
die scheinbar
von unehrlichen oder
furchtbar langweiligen Leuten
verabschiedet wurden.
Es sind keine Naturgesetze.

Weißt du,
solche Beziehungen
tun mir weh,
weil ich gefühlsmäßig illegal lebe.
Viel zu oft
werden meine Gefühle
von anderen getötet.
Da will ich wenigstens
nicht noch selbst
ihr Henker sein.

FÜR EINEN FREUND

Nach 500 Kilometern
auf der Autobahn
habe ich
viele schöne Bilder gesehen:
Landschaften,
Sonnenuntergang,
Wolkengebilde –
sekundenschnell verflogen.

Erschöpft fahre ich zur
nächsten Ausfahrt,
halte und
versinke in ein Landschaftsbild;
nicht so schön und selten wie viele,
die ich unterwegs sah.
Aber es verfliegt nicht,
ich s e h e es
und fühle mich gut.

Ähnlich ergeht es mir,
wenn ich nach vielen
Berührungen mit Menschen
zu dir komme.

KEIN PLATZ FÜR LIEBE?

*Wo soll ich
meine Saat auslegen?
Der Boden unserer
Gesellschaft wird
immer unfruchtbarer
für Liebe.*

*Was ist das für ein
Leben, in dem man
alles mögliche
aussät und erntet,
nur keine Liebe?*

BEGEGNUNGEN

Viele Menschen
schauen so starr
geradeaus,
daß sie meinen,
der,
mit dem sie
Rücken an Rücken stehen,
sei genau
die Entfernung
eines Erdumlaufes
von ihnen entfernt.

WARTEZIMMER: MENSCHHEIT

Viele sitzen da
und warten auf Besserung.

Einige wissen,
daß die erforderlichen Medikamente
auch in ihrer Hand liegen.

Ganz wenige öffnen ihre Hände
und verwenden die Medizin,
die Liebe und Willen heißt.

KAPUTT

Ein Gesicht ist zersplittert,
ein Mensch findet nicht den Weg
durch unsere Porzellanwelt.

Er kann nur noch fühlen und glücklich sein,
wenn er träumt,
doch er kann nicht mal mehr träumen.

Doch es gibt Drogen, die zum Träumen verhelfen.
Er nimmt diese Drogen,
immer wieder, um träumen zu können.

Jetzt träumt für ihn die Droge, fühlt für ihn
und zerstört ihn.
Der Mensch ist nur noch Hülle, leer.

Sein Gesicht ist zersplittert.

(Zu diesem Text möchte ich anmerken, daß ich
nicht nur von Alkohol und anderen Rauschmitteln
als Drogen spreche, sondern auch an die Drogen
Fernsehen, Macht, Besitz usw. denke.)

DEPRESSION

Schwarze Gedanken
kleben sich fest
in deinem Kopf,
lassen dich
deine Wirklichkeit
nicht mehr sehen.

Doch solange du lebst,
hat deine Wirklichkeit
ein Jetzt und ein Morgen;
von dort aus
kannst du
ein dunkles Gestern
verlassen.

Du mußt nur gehen!

VOREILIG

Du sagst, du kannst nicht.
Du sagst, das schaffst du nicht.
Du sagst, das erreichst du nie.
Du sagst, es ist zu schwer für dich,
es sei unmöglich —

doch versucht
hast du es noch nie.

AM STRASSENRAND

Sauerampfer färbt
das Feld rotscheinend.
Farben fließen ineinander,
ergeben Harmonie
von weiten Wiesen.

Und wir zerschneiden
diese Landschaften
mit grauen Straßenbändern,
auf denen wir
— zu schnell für unser Auge —
dahin rasen in unseren Autos.

Wohin so eilig, Mensch?

EINSAMKEIT NEGATIV

Musikgesprächsrauchschwadenstimmung,
viele Menschen laufen
nebeneinander her
allein
inmitten vieler.

GEDANKEN ZUR EHE
(NEGATIV)

Wenn eine Frau ihren Freund,
ein Mann seine Freundin
heiratet,
kommt es oft dahin,
daß sie nur noch
Ehemann und Ehefrau sind –
nicht mehr Freunde.

NUR IM KOPF

Ich redete viel
und ließ dich wenig
von mir spüren.

Meine Gefühle
drückte ich
n u r in Worten aus.

Du bekamst sie
sozusagen
,,second hand"
über den Verstand.

ÜBER LIEBE

Viele sprechen von L i e b e
(das ist leicht),
aber sie l e b e n sie nicht.

Diese Liebe ist
ungefähr so
wie Pulverkaffee,
der nie mit Wasser
in Berührung kommt
oder im „besseren" Fall
mit kaltem Wasser
angerührt wird.

VERABREDUNG

Du reist mit deinen,
ich reise mit meinen Erwartungen an.

Da stehen wir dann
und alles ist anders.

Und bei der Abreise
hast du deine
und habe ich meine Erinnerungen
im Handgepäck.

VERSUCHSWEISE BEFREUNDET
(FÜR ANDY)

Wir umarmen einander
und sagen,
wir wollen Freunde sein.
Freundschaft ist schrankenlos,
doch du
trägst so viele Grenzen
in dir.

FREUNDSCHAFTSANGEBOT

Nimm mir nicht den Mut –
nimm mir die Angst.

Nimm mich ruhig auseinander –
doch halte mich auch zusammen.

Nimm mich ganz für dich –
aber laß mich auch wieder gehen.

Nimm mich als mich –
nicht als das,
was du willst.

LIEBEVOLLE GEDANKEN AN DICH

In deinen Armen liegen
und wissen,
nicht bleiben zu können.

In deinen Augen versinken
und wissen,
wieder auftauchen zu müssen.

In deiner Nähe ertrinken
und wissen,
doch nicht daran zu sterben.

Sich dir öffnen können
und wissen,
nicht ausgeraubt zu werden.

Das mag wohl Liebe sein.

PROBLEMLÖSUNG

*Viele zerschneiden
die Knoten in
ihren Gefühlen.*

*Ein zerschnittener
Knoten aber
bedeutet immer
einen zerstörten
Faden.*

*Nimm dir Geduld
und Hilfe,
den Knoten aufzuknibbeln.*

WIR WOLLTEN
EINANDER NIE BELÜGEN
(FÜR VOLKER)

*— jetzt liegt
die Wahrheit vor uns.
Sie tut weh,
aber deshalb
können wir sie nicht mehr
im Lügennetz
verstecken.*

*Sie liegt zwischen uns,
aber sie trennt
uns nicht —
sie verbindet.*

MÜLLARBEITER

*Ich säubere die Wohnung
und halte sie in Ordnung.*

*Ich bin zuständig
für deinen seelischen Müll
und kehre auch
meistens den
Beziehungsdreck
aus unserer Verbindung.*

*So langsam
werde ich selbst
Abfall.*

VORLÄUFIGER ABSCHIED

Wir haben unsere Freundschaft
im Liebesgarten gelebt –
und die Liebe wucherte
wie ein wunderschönes Unkraut.

Wir haben gespürt,
daß wir das nicht einfach leben konnten
und versuchten nun,
die Liebe zu beschneiden,
das Unkraut auszujäten . . .

Warum aber
trampelst du nun auch
die Freundschaftsblumen nieder?

LIEBESKUMMER

Der Apotheker
hat Tabletten gegen Kopfschmerzen,
gegen Zahnschmerzen,
gegen Bauchschmerzen;

hat Tinkturen gegen Ohrenschmerzen,
gegen Rückenschmerzen,
gegen Wundschmerzen;

hat Salben gegen Muskelschmerzen,
gegen Gelenkschmerzen;

und
sieht ratlos aus,
als ich frage,
was er gegen meine Herzschmerzen
aufgrund chronischer Sehnsucht
empfehlen kann.

AN EINEN FREUND *Du hast meine Melodie mitgesummt.*
(FÜR B.) *Sie gefalle dir, hast du gesagt,*

Im Laufe der Zeit
hast du einige Strophen
mitkomponiert,
aber den Text
meines Liedes
hast du nie verstanden.

ÜBERLASTET

*Wir hatten schwer zu tragen
in unserer Beziehung.*

*So schleppte ich daran
mit aller Kraft,*

*ohne daß ich dabei
vorwärts kam.*

FEHLER

*Ich habe mich
an allem Möglichen
orientiert —
nur zu selten
an mir.*

**ZUR
VERGANGENEN
LIEBE**

*Manchmal
hält man
mit aller Kraft
an der Angel fest,
ohne wahrhaben zu wollen,
daß der Fisch
längst schon
fort ist.*

NICHT NUR QUITTUNGEN

*Was mir geblieben ist,
sind Rechnungen
unserer gemeinsamen Essen.*

*Sie sind bleibende Zeugen
einer glücklichen Zeit,
die vergangen ist.*

*Jetzt hungere ich
nach deiner Nähe.*

GEDANKEN ZUM ZUSAMMENLEBEN

Ein Bild,
das lange in einem
Zimmer hängt,
hast du oft angeschaut,
kennst es
in allen Einzelheiten.

Ein Mensch,
mit dem du lange
zusammen lebst —
hast auch ihn oft angeschaut,
kennst ihn
mit allen Eigenschaften.

Das Bild
kannst du lange links hängen lassen;
es ändert sich nie.

Den Menschen
mußt du stets beachten und neu sehen;
er ändert sich ständig.

*Unbelastet und gesund kam ich zur Welt.
Ich wußte damals noch nicht,
daß dieser Zustand nicht lange hält
und schaute zu tief ins künstliche Licht,
das uns heute alle blendet.
Und damit war meine Karriere
als Mensch vorläufig beendet.*

*Ich hatte zu Unrecht jenen getraut,
die das künstliche Licht gebaut.*

*Heute suche ich echtes Licht,
das uns warm zusammenhält
und uns allen leuchtet
für eine menschliche Welt.*

*Gefunden hab ich's noch nicht —
doch manchmal schon gesehen.*

DER STEIN DER WEISEN

Ich suchte an allen Stränden
meiner Welt,
schaute alle Wege entlang,
ihn am Rand zu entdecken.

Ich klopfte in den Steinbrüchen
herum,
untersuchte sogar die Steine,
mit denen man nach mir warf.

Beinahe jeden Stein hebe ich auf,
betrachte ihn von allen Seiten.

Währenddessen
lachen die Weisen mich aus.

LEBENSANGST

Wenn du gestern
schon gebangt hast,
das Heute nicht gut
zu überstehen . . .

dann lebst du
auch heute nicht mehr,
weil du
schon um morgen fürchtest.

ANGST VOR DEM TOD?

Da werde ich
— vielleicht —
eines Tages
80 oder 90
Jahre alt sein,
und habe
mein ganzes Leben
nichts weiter getan,
als Angst davor zu haben,
frühzeitig
zu sterben.

Kristiane Allert-Wybranietz

Jahrgang 1955, lebt in Obernkirchen (Höheweg 55, 3063 Obernkirchen). Sie schreibt seit 1973 und hat zunächst in verschiedenen Zeitschriften und Anthologien veröffentlicht. 1980 erschien ihr Buch TROTZ ALLEDEM — VERSCHENKTEXTE und wurde zu einem in der deutschen Lyrik-Szene bisher einmaligen Überraschungserfolg, den sie 1984 durch ihr Buch WENN'S DOCH NUR SO EINFACH WÄR erneut bestätigte. Außerdem hat sie zwei Märchen zu dem wunderschönen Buch DIE FARBEN DER WIRKLICHKEIT (1983) beigesteuert (alle Bücher sind in diesem Verlag erschienen). Sie gibt seit 1978 ihre Verschenktexte heraus, die unabhängig von ihren Büchern als Lose-Blätter-Sammlung v e r s c h e n k t werden (bitte unbedingt Rückporto beifügen!). Da sie sehr viel Post erhält, bittet sie um Verständnis, wenn Antworten länger auf sich warten lassen. Weitere Informationen über die Autorin finden Sie in ihrem ersten Buch TROTZ ALLEDEM — VERSCHENKTEXTE.

*Swami Pritam
und
Swami Prem Joshua*

beide Jahrgang 1958, leben jeweils in Wohngemeinschaften. Sie haben gemeinsam ausgedehnte Studienreisen in den Nahen und Fernen Osten und die USA unternommen und dabei u. a. die islamische, buddhistische und hinduistische Malerei kennengelernt. Sie besuchten eine tibetanische Schule für Thangka-Malerei und die Rajneesh-University in Poona (Indien). Sie haben bereits gemeinsam den ersten Band von Kristiane Allert-Wybranietz illustriert und damit viele Freunde ihrer Malerei gewonnen.

Weitere Verschenktexte von Kristiane Allert-Wybranietz finden Sie in:

Trotz alledem
Verschenktexte von
Kristiane Allert-Wybranietz

lucy körner verlag

64 Seiten   12,– DM

Wenn's doch nur so einfach wär
Verschenktexte von
Kristiane Allert-Wybranietz

lucy körner verlag

64 Seiten   12,– DM

lucy körner verlag
Postfach 1106, 7012 Fellbach